Renate & Uwe H. Sültz

Bücher von A bis Z

Gute Besserung!

Für eine gute Genesung bei einem Krankenhausaufenthalt oder häuslicher Quarantäne

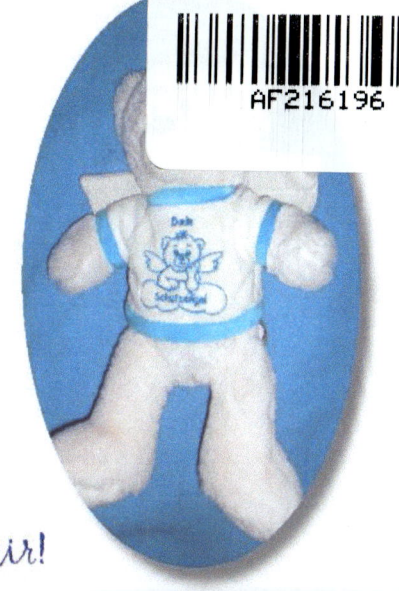

AF216196

... und Dein Schutzengel

ist immer bei Dir!

SÜLTZ BÜCHER bei BoD

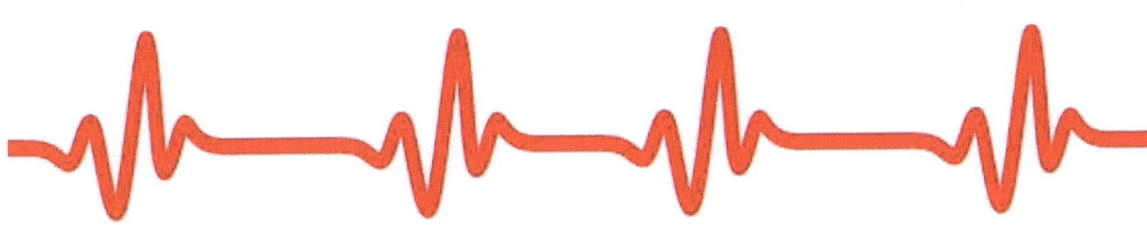

BoD - Books on Demand
Norderstedt 2020

Bibliografische Information durch die Deutsche Nationalbibliothek
Die Deutsche Nationalbibliothek verzeichnet diese Publikation in der
Deutschen Nationalbibliografie; detaillierte bibliografische Daten
sind im Internet über http://dnb.dnb.de abrufbar.

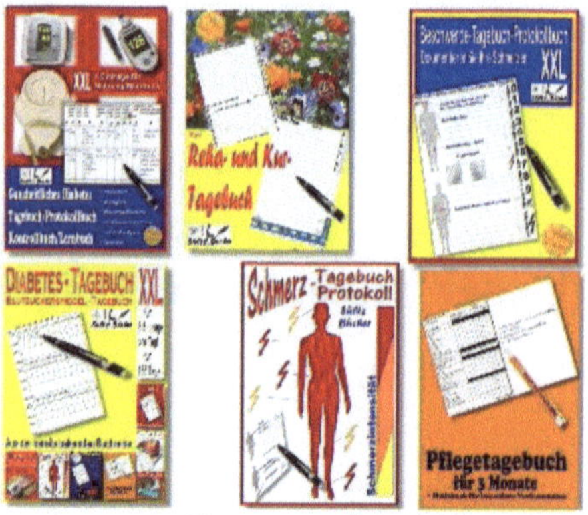

Sueltz Books INTERNATIONAL

SÜLTZ BÜCHER... bekannt mit den Gesundheits-Tagebüchern!

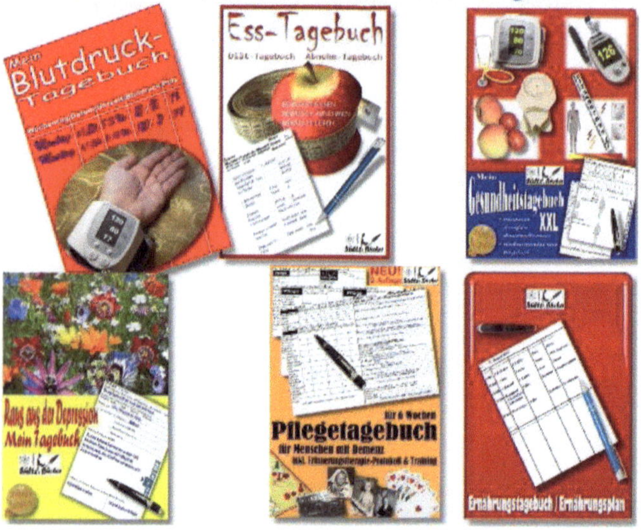

Folge SÜLTZ BÜCHER auf

GOOGLE

Sültz Bücher

© Renate & Uwe H. Sültz
Herstellung und Verlag:
BoD – Books on Demand, Norderstedt
ISBN 9-78375-0-43270-3

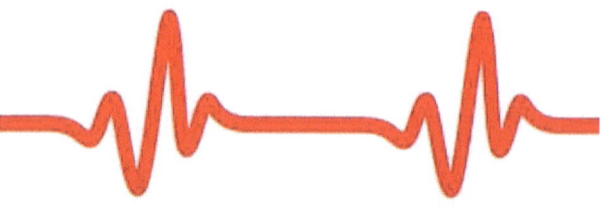

Vorwort

Dieses Tagebuch ist für Menschen gedacht, die eine längere Zeit im Krankenhaus verbringen müssen. Aber auch für diejenigen, die durch einen gefährlichen Virusausbruch Hausarrest verordnet bekommen haben. Für solche Ausnahmesituationen ließen sich die Autoren etwas Besonderes einfallen. Über Krankenhausbesuche freut sich jeder. Man wird vermisst, aber zuerst kommt die Gesundung. Bei einer Quarantäne gibt es keinen Besuch. So oder so, in dieses Buch lassen sich viele Dinge eintragen, etwas über die Behandlung, über eigene Stimmungen, Schmerzen und Gedanken. Aber auch über nicht zu verpassende Radio- und TV-Programme. Ablenkung sollen Sudoku-Spiele, inkl. Anleitung, Fehlersuche bei Bildern und Labyrinth-Spiele bringen. Auch ein paar Krimis und Liebeskurzgeschichten sind zu finden.

Wir alle können uns von solchen unfreiwilligen Situationen nicht freisprechen. Der Krankenhausaufenthalt, bis zu 2 Wochen, wird somit erleichtert, und der Betroffene kann positiv in die Genesungsphase übergehen. Viel Freude und baldige Gesundheit wünschen wir allen Kranken mit diesem kleinen Helferlein.

Mein Name

Meine Daten

Meine Beschwerden

Datum:

Meine Stimmung heute: gut ___ befriedigend ___ ausreichend ___ schlecht ___

Heutige Behandlung/Therapie/Untersuchung

keine- leichte- mäßige- starke- sehr starke- stärkste- Schmerzen

0
1
2
3
4
5
6
7
8
9
10

Mein Gefühl und meine Stimmung

Meine Schmerzen

0
1
2
3
4
5
6
7
8
9
10

Meine Gedanken

0
1
2
3
4
5
6
7
8
9
10

Mein subjektiver Gesundheitszustand

Hab' keine Angst vor einem Virus,

er kann dir bald nichts mehr tun.

Mit krank sein ist dann Schluss

und auch mit langem Ruhen.

Radio und Fernsehen

Was wird in den nächsten 3 Tagen gesendet, was möchte ich nicht verpassen?

Datum	Uhrzeit	Sender	Titel

Der Essensplan für den _____

Frühstück

Mittagessen

Abendessen

Gute Besserung!

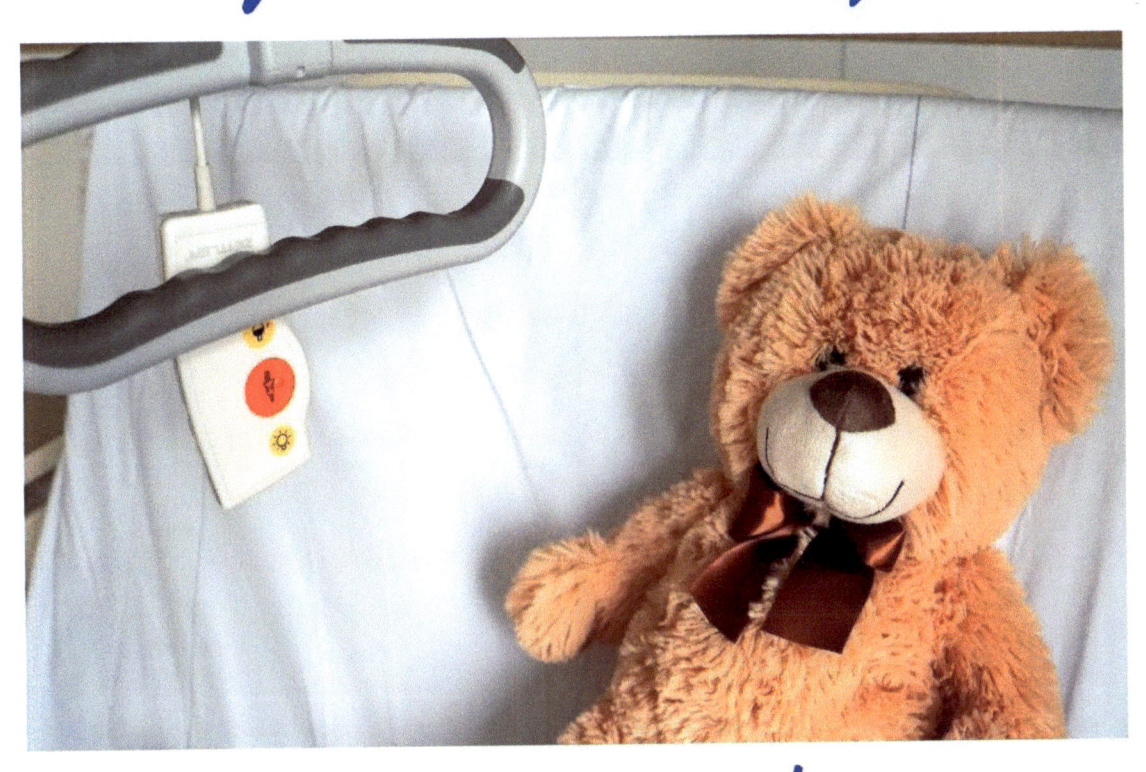

Werde schnell wieder gesund!

Wir vermissen Dich!

Wir denken an Dich!

In der Schwierigkeitsstufe Leicht, werden Ihnen bereits eine Vielzahl von Ziffern vorgegeben. Jede Ziffer kann dabei nur einmal pro Block und nur einmal in jeder Spalte und Reihe vorkommen. Beginnen Sie am besten damit, die Blöcke oder Reihen auszufüllen, in denen sich die meisten Ziffern befinden.

	3	4	
4			2
1			3
	2	1	

Esse immer gut und richtig,

ernähre dich stets gesund.

Gesundheit ist ja so wichtig.

Steck dir das Richtige in den Mund.

Datum:

Meine Stimmung heute: gut ___ befriedigend ___ ausreichend ___ schlecht ___

Heutige Behandlung/Therapie/Untersuchung

_____

_____

_____

_____

_____

_____

_____

_____

_____

_____

Mein Gefühl und meine Stimmung

0
1
2
3
4
5
6
7
8
9
10

Meine Gedanken

0
keine- leichte- mäßige- starke- sehr starke- stärkste- Schmerzen
1
2
3
4
5
6
7
8
9
10

Meine Schmerzen

0
1
2
3
4
5
6
7
8
9
10

Mein subjektiver Gesundheitszustand

Der Essensplan für den _____

Frühstück

Mittagessen

Abendessen

Suche den richtigen Weg

Genesen kann man nicht mal so,

du kämpfst dann wie besessen!

Dies Büchlein macht den Kranken froh.

Er wird das Schlimme bald vergessen.

In der Schwierigkeitsstufe Leicht, werden Ihnen bereits eine Vielzahl von Ziffern vorgegeben. Jede Ziffer kann dabei nur einmal pro Block und nur einmal in jeder Spalte und Reihe vorkommen. Beginnen Sie am besten damit, die Blöcke oder Reihen auszufüllen, in denen sich die meisten Ziffern befinden.

Lösung

5	3	9	1	4	6	8	7	2
8	4	7	9	2	5	3	1	6
2	6	1	3	7	8	9	5	4
6	7	5	4	8	1	2	9	3
9	1	2	6	3	7	5	4	8
4	8	3	5	9	2	7	6	1
3	2	6	7	1	9	4	8	5
7	5	8	2	6	4	1	3	9
1	9	4	8	5	3	6	2	7

		9		4				
				5		3	1	
	6	1			8		5	
		5	4			2		3
	1			7				8
	8					7	6	
3		6		1	9	4		
7								
	4		5			6	2	7

Hacker ohne Skrupel

Über die Straßen von San Francisco werden eilig in Krankenwagen viele Patienten auf andere Krankenhäuser verteilt. Die Polizei sorgt für freie Wege. Die Nähe der Stadt zur San-Andreas-Verwerfung birgt ein erhöhtes Risiko für Erdbeben. Am 18. April 1906 ereignete sich das bislang schwerste Erdbeben. Es erstreckte sich von San Juan Bautista bis Eureka und hatte eine Stärke von 7,8 auf der Richterskala. Als Folge von Bränden und Sprengungen wurden dabei rund 3000 Menschen getötet und drei Viertel von San Francisco zerstört, beziehungsweise erheblich beschädigt. Dieses Mal sieht es so aus, als würden noch weit viel mehr Menschen ihr Leben verlieren. Und mittlerweile leben in San Francisco über 900.000 Menschen. Warum werden so viele Patienten in andere Krankenhäuser verteilt? Was ist passiert? Rückblick:

2025 wurde das neue Krankenhaus an der Howard Street Ecke Main Street eingeweiht. Die Straßen von San Francisco sind vollkommen überfüllt. Der Bürgermeister und sein Team suchten eine schnelle Möglichkeit um schneller in den Osten, etwa nach Oakland zu kommen. Dies geschieht nun über die Oakland Bay Bridge. Das „New Future Hospital" ist das wohl weltweit modernste Krankenhaus in den USA. Durch eine eigene Satelliten-Anbindung ist das New Future Hospital mit allen Krankenhäusern und Entwicklungslaboren auf der gesamten Welt verknüpft. So ist das Chinesische Coronavirus, jetzt Typ 5, auch in den USA wieder ausgebrochen und innerhalb von 3 Wochen im New Future Hospital besiegt worden. Damals im Jahr 2020 sind beim Typ 4 zigtausend Menschen weltweit gestorben. Auch dieses Virus, Type 5, forderte weltweit viele Menschenleben in 2025. Rund um die Welt sind innerhalb von wenigen Stunden Gegenmaßnahmen hergestellt und verteilt worden. Ein Erdbeben oder der Virus waren es nicht, was die Massenevakuierung ausgelöst hat, aber mit dem Wort Virus hängt es schon zusammen.

Virus bedeutet schon vom Wort her „Gift". Bislang stürzten Programme ab, es wurden Freischaltungsgelder verlangt. Einmal gestartet, kann es Veränderungen im Betriebssystem oder an weiterer Software vornehmen, mittelbar auch zu Schäden an der Hardware führen. Als typische Auswirkung sind Datenverluste möglich. So ist die

Sachlage dieser Kriminalität. In diesem Fall liegt der Sachverhalt jedoch anders. Ein Virus wurde in die Computer des New Future Hospital eingeschleust. Alle Alarmsysteme bemerkten nichts, denn es kam zu keinem Computerabsturz. Auch gab es keine Männchen oder Geldforderungen auf dem Bildschirm. Alles lief so wie immer. Der automatische Medikamentenverteiler (Drug Distributors DD1) lief vollautomatisch. Das System DD1 gibt automatisch die passenden Medikamente direkt im Zimmer der Patienten aus. Eine Klappe öffnet sich zum richtigen Zeitpunkt, ein Becher fällt aus einem Bechervorrat und wird automatisch mit Wasser gefüllt. Dieses System ist in allen Zimmern vorhanden. Der behandelnde Arzt gibt die Daten in das Computersystem ein, alles Weitere wird automatisch erledigt, sogar Nachbestellungen von Medikamente bei den günstigsten Produzenten. Aber immer noch nicht ist das Problem erkannt. 83 Patienten sind innerhalb von 24 Stunden gestorben. Über 500 hätten es sein können, wenn das Hospital nicht sofort evakuiert worden wäre. Detective Lieutenant Jack Stones und der Computerexperte Bill Wates untersuchen den Cyberangriff. Für einen Computerexperten, der jede Computersprache beherrscht, etwa C oder Java, wobei alles mit Basic und der Maschinensprache begann, ist der Fehler schnell gefunden. Mittlerweile sind alle Patienten außer Gefahr, denn alle Krankenhäuser untersuchten und behandelten die Patienten nicht nach dem Automatik-Plan, sondern von Ärzten und Krankeschwestern. Und genau das wurde bei dem Automatik-Programm des New Future Hospital zum Problem. Bill Wates findet heraus, dass Medikamente vertauscht wurde und   sogar ausgetauscht wurde. Da keine zusätzliche Medikamente eingebracht wurde, die zuerst durch einen Arzt abgesegnet hätte werden müssen, bemerkte das Computer-Schutzprogramm nichts. Auf diese Weise starben die Patienten, wegen falscher Medikamente. Wer könnte solch einen Anschlag verüben? Das Warum könnte Geld sein. Ins Programm kann ein Hacker gekommen sein. Aber wie veränderte der Hacker das Programm. War es eine Mail mit Anhang? Fragen über Fragen. Wates arbeitet nun mit einem Ärzteteam zusammen, um alle Fehler des automatischen Medikamentenverteilers DD1 auszuräumen. Selbstverständlich wurde das Krankenhaus vom Netz genommen. Durch die eigene Satelliten-Anbindung scheint die Internetverbindung wohl sicher zu sein. Alle weiteren Krankenhäuser haben schließlich keine Probleme. Aber sicher ist sicher.

Detective Lieutenant Jack Stones war Polizist durch und durch. Er vermutete eher einen Feind in den eigenen Reihen. Jeder, der zum Computer Zutritt hat, wird vernommen. Jeder musste zur SFPD Tenderloin Station in die Eddy Street Ecke Jones Street. Jeder wurde hart ausgefragt, denn es gab schließlich 83 Tote und es hätten weitaus mehr werden können. Der Arzt aus dem Austauschprogramm New York/San Francisco, Dr. Norman Jonson, gestand schließlich, dass er einen USB-Stick vor der Frauen-Umkleidekabine gefunden hat. Er vermutete Nacktbilder von Krankenschwestern darauf. Sofort wollte er den USB-Stick ansehen und kopieren. In der Tat waren Pornografische Bilder zu sehen, aber nicht vom Krankenhausteam. Den Stick stellte er bereitwillig der Polizei zur Verfügung. Jonson gestand außerdem, diesbezüglich krank zu sein.

Für Detective Lieutenant Jack Stones stand immer fest, ein Erpresser will, dass jeder weiß, wer er ist. Das ist das Resultat aus 30 Jahren Kriminalität. Und genauso sollte es wieder sein. Ein Bekennerschreiben lag nach vier Tagen vor. Es wurden drei Millionen Dollar verlangt. Der Zusatz könnte den Urheber verraten. „Das habt ihr nun davon!"

Stones vermutet, da der Brief in bester Grammatik geschrieben ist und der USB-Stick im Krankenhaus gefunden wurde, dass es sich um einen Insider handeln würde, so wie er es von Anfang an vermutet hat.

Sofort wurde die Personalabteilung tätig. Treffer! Der Informatiker Jeff Linder ist vor einiger Zeit entlassen worden. Er war an der Entwicklung des Computerprogramms beteiligt und forderte eine feste Anstellung. Jedoch waren seine finanziellen Forderungen astronomisch, er war Spieler. Linder wurde festgenommen und seine private Computeranlage eingezogen. Die aus dem Darknet kopierten Nacktbilder waren zwar gelöscht, aber die Kriminalbeamten konnten die Dateien wiederherstellen.

Linder gestand und erwartet demnächst sein hartes Urteil. Das New Future Hospital arbeitet wieder und das Programm DDI läuft einwandfrei.

In der Schwierigkeitsstufe Leicht, werden Ihnen bereits eine Vielzahl von Ziffern vorgegeben. Jede Ziffer kann dabei nur einmal pro Block und nur einmal in jeder Spalte und Reihe vorkommen. Beginnen Sie am besten damit, die Blöcke oder Reihen auszufüllen, in denen sich die meisten Ziffern befinden.

		3		1	
5	6		3	2	
	5	4	2		3
2		6	4	5	
	1	2		4	5
	4		1		

Datum:

Meine Stimmung heute: gut ___ befriedigend ___ ausreichend ___ schlecht ___

Heutige Behandlung/Therapie/Untersuchung

keine- leichte- mäßige- starke- sehr starke- stärkste- Schmerzen

0
1
2
3
4
5
6
7
8
9
10

Meine Schmerzen

Mein Gefühl und meine Stimmung

0
1
2
3
4
5
6
7
8
9
10

Meine Gedanken

0
1
2
3
4
5
6
7
8
9
10

Mein subjektiver Gesundheitszustand

10 Fehler sind zu suchen

Der Essensplan für den _____

Frühstück

Mittagessen

Abendessen

In der Schwierigkeitsstufe Leicht, werden Ihnen bereits
eine Vielzahl von Ziffern vorgegeben. Jede Ziffer kann
dabei nur einmal pro Block und nur einmal in jeder Spalte
und Reihe vorkommen. Beginnen Sie am besten damit,
die Blöcke oder Reihen auszufüllen, in denen sich die
meisten Ziffern befinden.

1	8			7	6		3	
7			8	3	2			9
6		2						8
						8	2	3
			1	8	7	5	6	
8		5						7
	1		2				5	
	2				9			
			6			9	7	

Datum:

Meine Stimmung heute: gut ___ befriedigend ___ ausreichend ___ schlecht ___

Heutige Behandlung/Therapie/Untersuchung

0
1
2
3
4
5
6
7
8
9
10

keine- leichte- mäßige- starke- sehr starke- stärkste- Schmerzen

Meine Schmerzen

Mein Gefühl und meine Stimmung

0
1
2
3
4
5
6
7
8
9
10

Meine Gedanken

0
1
2
3
4
5
6
7
8
9
10

Mein subjektiver Gesundheitszustand

Radio und Fernsehen

Was wird in den nächsten 3 Tagen gesendet,
was möchte ich nicht verpassen?

Datum	Uhrzeit	Sender	Titel

In der Schwierigkeitsstufe Leicht, werden Ihnen bereits eine Vielzahl von Ziffern vorgegeben. Jede Ziffer kann dabei nur einmal pro Block und nur einmal in jeder Spalte und Reihe vorkommen. Beginnen Sie am besten damit, die Blöcke oder Reihen auszufüllen, in denen sich die meisten Ziffern befinden.

	2	7	5			4		
3			7		1			2
		1		3	8	7		
2		8	6			5	3	
5				2	4			8
1					7	2		6
		4	1			9		
9	3		4			6		1
		5		6	2	3	8	

Der Essensplan für den _____

Frühstück

Mittagessen

Abendessen

Suche den
richtigen Weg

Quarantäne muss nicht langweilig sein,

das muss man doch mal sagen.

Sieh, wenn du kannst, ins Büchlein rein,

um ein Rätsel schnell zu wagen.

In der Schwierigkeitsstufe Leicht, werden Ihnen bereits
eine Vielzahl von Ziffern vorgegeben. Jede Ziffer kann
dabei nur einmal pro Block und nur einmal in jeder Spalte
und Reihe vorkommen. Beginnen Sie am besten damit,
die Blöcke oder Reihen auszufüllen, in denen sich die
meisten Ziffern befinden.

						1		9
	5		3	2			8	
	8		9			6		
3			8		4			
						9		5
2				6				3
		8	6	5				
		7		8			6	
		2		3			7	8

Datum:

Meine Stimmung heute: gut ___ befriedigend ___ ausreichend ___ schlecht ___

Heutige Behandlung/Therapie/Untersuchung

0
1
2
3
4
5
6
7
8
9
10

keine- leichte- mäßige- starke- sehr starke- stärkste- Schmerzen

Meine Schmerzen

Mein Gefühl und meine Stimmung

0
1
2
3
4
5
6
7
8
9
10

Meine Gedanken

0
1
2
3
4
5
6
7
8
9
10

Mein subjektiver Gesundheitszustand

Der Essensplan für den _____

Frühstück

Mittagessen

Abendessen

Du merkst wie flink die Zeit vergeht

und du genesen bist.

Kein Virus dir im Wege steht,

seitdem du dieses Büchlein liest.

Datum:

Meine Stimmung heute: gut ___ befriedigend ___ ausreichend ___ schlecht ___

Heutige Behandlung/Therapie/Untersuchung

0
1
2
3
4
5
6
7
8
9
10

keine- leichte- mäßige- starke- sehr starke- stärkste- Schmerzen

Meine Schmerzen

Mein Gefühl und meine Stimmung

Meine Gedanken

0
1
2
3
4
5
6
7
8
9
10

0
1
2
3
4
5
6
7
8
9
10

Mein subjektiver Gesundheitszustand

6 Fehler sind zu finden

Der Essensplan für den _____

Frühstück

Mittagessen

Abendessen

In der Schwierigkeitsstufe Leicht, werden Ihnen bereits
eine Vielzahl von Ziffern vorgegeben. Jede Ziffer kann
dabei nur einmal pro Block und nur einmal in jeder Spalte
und Reihe vorkommen. Beginnen Sie am besten damit,
die Blöcke oder Reihen auszufüllen, in denen sich die
meisten Ziffern befinden.

		3		1	
5	6		3	2	
	5	4	2		3
2		6	4	5	
	1	2		4	5
	4		1		

Bärenerinnerung

Es ist ein warmer, angenehmer Tag. Dr. Peter Bender schrieb an seinem Buch. Die Terrassentür quietschte bei jeder Bewegung. Little Jim machte sich wohl einen Spaß daraus. Das kleine Löwenbaby ging immer wieder hinein und hinaus aus dem Haupthaus. Peter störte das nicht, er schrieb weiter an seinen Begegnungen und Geschichten mit den vielen Tieren im Yellowstone-Nationalpark. Gerade beschreibt er, wie er einem riesigen Bär gegenüberstand. Er hatte die Pfote gebrochen, um den Hals eine Schlinge und bei jeder Bewegung, zog sie sich weiter zu. Peter hatte keine Betäubungspfeile mehr in seinem Gewehr. Der Bär ließ ihn ganz nah an sich heran. Er merkte die positiven Schwingungen und das beruhigende Flüstern von Peter. Nun ja, das ist jetzt schon viele Jahre her. Dr. Peter Bender war ein sehr erfolgreicher Schönheitschirurg in New York. Täglich sorgte er dafür, dass die Menschen noch besser und schöner aussahen. Irgendwann saß ein kleines Kätzchen vor der Klinik. Niemand hatte Zeit, außer Bender. Er nahm sich dem Tier an. Er versorgte es. Der kleine Kater war verletzt und Peter Bender spürte, dass der kleine Stubentiger eine gewisse Liebe zu ihm aufbaute. Er wurde nachdenklich. Er überlegte, nicht vielleicht doch in die Tier-medizin zu wechseln. Diesen Gedanken hatte er schon so oft. Das viele Geld und der Ruhm als Schönheitschirurg, machten ihn nicht mehr glücklich. Er konnte einfach diese verrückten und eingebildeten Leute nicht mehr sehen. Peter Benders Kinder waren durch gute Ausbildungen gut versorgt. Lisa, seine Frau, verstarb sehr früh. Peter wollte einen neuen Weg einschlagen und verkaufte alles, was er besaß. Sein Freund, Tierarzt Dr. Jack Lahome, gab seine Praxis aus Altersgründen auf. Jedoch suchte Lahome noch eine Herausforderung. Beide bauten schließlich im

Nationalpark die Animal Home Station auf. Mit weiteren fünf Helfern versorgten sie sämtliche Wildtiere.

Oft war es ein sehr gefährliches Unterfangen. Gerade kommt Dan zur Station zurück. Mit seinem Jeep umkreist er großräumig das Gelände, um herannahende gesunde Tiere zu entdecken, die auf Beutefang sind und meinen, in der Station einen leckeren Happen zu bekommen. Dan übernahm das Funkgerät. Peter wollte nur kurze Zeit am Wasserfall verbringen. Später dann, wollte er an seinem Buch weiterschreiben. Den Jeep tankte er noch voll und verstaute die Betäubungspfeile. Nun fragte er Dan, wo sich die anderen Freunde befinden. Etwa 15 Meilen entfernt war ein Wasserfall. Es gab keinen befestigten Weg und manchmal mussten Äste und ganze Bäume aus dem Weg geräumt werden. So manche Achse am Jeep musste aus diesem Grund schon gewechselt werden. Am Wasserfall angekommen, nahm Peter erst einmal ein Bad. Danach beobachtete er mit dem Fernglas einige Affen. Peter amüsierte sich sehr über ihr Verhalten. Er musste sich zwangsläufig an die Katze erinnern, wie sie die Kissen zerlegte, die Schuhbänder aus den Schuhen zog und versteckte. Allerdings bemerkte er nicht, dass er beobachtet wurde.

Tatsächlich, bewegte sich im nahegelegenen Gebüsch etwas. Peter war in Gedanken. Denn wenn er richtig beobachtet hätte, so hätte er bemerken müssen, dass große schwere Stiefel und ein Gewehrlauf zu erkennen gewesen wären. Aber leider achtete er nicht darauf. Immer mehr Gewehre und Stiefel wurden sichtbar. Da waren Wilderer unterwegs. Zu spät bemerkte er sie. Sie saßen auf der Motorhaube seines Jeeps und zerschlugen das Betäubungsgewehr. Peter hatte keine Chance. „Hands up!", riefen die Wilderer.

Zu spät. „Was wollt ihr von mir?", rief er. „Geld, Elfenbein oder sonstige Reichtümer besitze ich nicht." Vor kurzer Zeit wurden zwei Wilderer gefangen genommen und nun wollten ihre Freunde sie frei bekommen, indem sie versuchten, Peter zu erpressen. Sie wussten, dass er gute Kontakte zum Park Ranger hatte.

Nur leider merkten die Gauner nicht, dass auch sie beobachtet wurden. Sie waren sich ihrer Sache wohl sehr sicher. War vielleicht Ranger Norris ihnen bereits auf die Schliche gekommen?

Die Vorräte im Jeep wurden geplündert und Peter gefesselt. Diese heikle Situation wurde weiterhin beobachtet. Dumpfe Schritte und ein Raunen waren plötzlich zu hören. Ein paar schwere Faustschläge und die Wilderer lagen am Boden. Die Hiebe waren so kräftig, dass alle Gauner bewusstlos waren. Peter erkannte ihn sofort. Es war der gerettete Bär mit der gebrochenen Pfote und der Schlinge um den Hals. Die Halsabdrücke erkannte Peter sofort. Die ganze Aktion wurde vom Ranger über das Funkgerät mit angehört. Er lokalisierte den Tatort und fuhr mit seinen Leuten los.

Der Bär und Peter verabschiedeten sich mit einem Augenzwinkern. Wieder war sich Peter sicher, dass er seine Lebenszeit nur der Gesundheit für die Tiere widmen wollte, aber nicht wieder diesem Schönheitswahn der Menschen.

Datum:

Meine Stimmung heute: gut ___ befriedigend ___ ausreichend ___ schlecht ___

Heutige Behandlung/Therapie/Untersuchung

keine- leichte- mäßige- starke- sehr starke- stärkste- Schmerzen

0
1
2
3
4
5
6
7
8
9
10

Meine Schmerzen

Mein Gefühl und meine Stimmung

Meine Gedanken

0
1
2
3
4
5
6
7
8
9
10

0
1
2
3
4
5
6
7
8
9
10

Mein subjektiver Gesundheitszustand

Radio und Fernsehen

Was wird in den nächsten 3 Tagen gesendet, was möchte ich nicht verpassen?

Datum	Uhrzeit	Sender	Titel

Der Essensplan für den _____

Frühstück

Mittagessen

Abendessen

Mein Name ist Lisa Miller. Ich bin Lieutenant im New York City Police Department. Als Kind bin ich in einem Heim aufgewachsen. Irgendwann fand ich heraus, wer meine wahren Eltern sind. Es sind Cindy und Jack Smith. Meine Adoptiveltern tragen den Namen Miller, den wollte ich weiter beibehalten, denn nachdem ich von meiner Mutter die Geschichte ihrer Ehe hörte, wollte ich mit dem Namen meines Vaters nichts zu tun haben. Gott sei Dank wendete sich im Leben meiner Mutter noch einmal alles zum Guten. Nun, zumindest den Umständen entsprechend.   Aber lest einmal selbst:

<u>Die Jukebox</u>

Anfang der 1950'er Jahre trafen sich ein paar Musikfreunde regelmäßig in „Joe's Bar". Im Süden von New York. Es war eine kleine, feine und schlanke Bar. Zur Straße war sie wenige Meter breit und zog sich nach hinten aber weit heraus. Die Theke begann bereits am Eingang. Pete, Joes Sohn, schaute oft, wenn keine Gäste da waren, auf die Straßenlaternen. Wieder an einem Sonntagabend schlenderten die Musikfreunde in die Bar. Seit Ende der 1940'er Jahre trafen sie sich Fred, Ben, Dan und Luzie. Sie waren mit die Ersten, die die Single- Schallplatten aus „Ricki's Musik Laden" erworben hatten. Bei Dan hörten sie oft diese neuen Schallplatten. Aber seine Einzimmerbehausung glich immer einem Schlachtfeld. Dan hatte immer die Ausrede, wegen der Nachtarbeit, nichts machen zu können. An diesem Samstag aber überraschte Pete die Gäste mit einer Jukebox. Drei Single Schallplatten hatte er erworben. Reichlich Platz war noch für weitere Platten. Luzie brachte ihre Freundin Cindy mit. Beide trugen ihr Lieblingspetticoat Kleid. Cindy hatte ihres extra für diesen Samstagabend erworben. Es war mit weißen Punkten versehen. Natürlich waren alle schwer begeistert von der neuen Jukebox. Aber Dan warf auch seine Blicke auf Cindy. Es schien so, als wenn sie Gefallen aneinander finden würden. Die Blicke, wurden heftiger und sie hörten nichts mehr. Die Single der Flamingos, mit dem Titel „I Only Have Eyes For You" tat ihr weiteres dazu. Dan forderte Cindy zum Tanzen auf. Er spürte ihre warme und weiche Haut. Er hatte sehr muskulöse Oberarme und immer blitzblank geputzte Schuhe. Das gefiel Cindy. Er schmiss immer wieder Münzen nach, um das Lied immer und immer wieder hören zu können. Pete machte Spaß und meinte: „Ja, dann ist die Box schnell abgezahlt. Auf eine Münze ritzte Dan die Buchstaben „Ily" ein, für „I love you". Als Mechaniker, hatte er immer einen Schraubendreher in der Tasche. Da traute sich nicht diese Worte gleich am ersten Abend zu sagen.

Er küsste die Münze und warf sie ein. Nur die Jukebox spielte nicht. Die Münze hatte sich verklemmt. Pete nahm eine neue Münze aus der Kasse und warf sie ein. Die Zeit verging und die Gruppe traf sich weiterhin. Dan und Cindy tanzten sich immer wieder in eine Traumwelt. Eines Tages musste Dan einen Auftrag im Ausland annehmen. Aus den geplanten zwei Monaten wurden zwei Jahre. Für die große Liebe war es furchtbar. Die Bar war weiterhin gut besucht und die Freunde trafen sich wie immer regelmäßig. Dan konnte durch seinen Auslandsjob leider nicht mehr dabei sein. Cindy war zwar bei jedem Treffen dabei, aber die Flamingos wurden nicht mehr gespielt. Jeder nahm Rücksicht auf Cindy. An diesem Abend kamen Jack und Stan in die Bar. Jack warf sofort ein Auge auf Cindy. Er verwickelte Cindy in Gespräche über den Rock' n Roll. Charmant machte er ihr Komplimente. Cindy hingegen war nicht interessiert und merkte aber auch nicht, dass Jack harte Sachen in Cindys Glas füllte. Jack hatte immer für alle Fälle etwas dabei. Das Mädchen konnte den hochkonzentrierten Alkohol nicht vertragen. Da Jack mit seinem Auto da war, bot er Cindy an, sie nach Hause zu fahren. Nach dieser Fahrt wurde das Mädchen mit Lisa schwanger, weil Jack ihren betrunkenen Zustand ausgenutzt hatte. Leider musste sie ihn heiraten, da sie noch nicht volljährig war. Sie war sehr traurig. Auch war sie darüber traurig, dass ihr Lisa abgenommen wurde und zu Adoptiveltern kam. Sie schämte sich für alles und brach den Kontakt zu Dan ab. Was sollte sie ihm denn auch erzählen? Jack entwickelte sich zum Tyrannen und behandelte Cindy wie den letzten Dreck.

Sie durfte keinen Mann ansehen, geschweige denn, mit ihm reden. Jack schlug sie und vergewaltigte sie. Wenn sie nicht wollte, drohte er ihr an, ihr den Schädel einzuschlagen. Cindy war mit ihren Gedanken immer bei Dan. Eines Tages stieß Jack Cindy die Treppe hinunter, weil sie sich ihm wieder verweigerte. Das arme Ding war von diesem Tag an querschnittgelähmt. Bald zog Jack aus. Er suchte sich eine jüngere „funktionierende" Frau. Cindy wollte verständlicherweise in dieser Wohnung nicht mehr bleiben und suchte sich eine Wohnung in einem Haus, dass behindertengerecht gebaut war.

Die Zeit verging...

Die Klimaanlage tropfte und es musste ein altes Radio repariert werden. Dan, mittlerweile in die Jahre gekommen, hatte das Reparieren von alten Geräten zu seinem Hobby gemacht. Dan erfüllte sich endlich einen Traum. Er ersteigerte bei „Darnell's Pawnshop", einem Leihhaus im Westen New Yorks, eine alte Jukebox. Einige Ersatzteile hatte Dan immer im Haus. Es musste der Rahmen gerichtet werden und noch ein paar Dinge. Die Jukebox spielte das alte Lied, auf das er mit seiner Liebsten tanzte. Er war sehr unglücklich und musste weinen. Erst Recht, als er die Münze in der Jukebox mit den eingeritzten Buchstaben"lly" fand, die sich verklemmt hatte. In die Nebenwohnung war eine behinderte Frau eingezogen und klopfte wie wild an die Wand. Sie rief ganz laut: „Bitte lauter machen, ich kenne das Lied." Dan ging herüber und wollte wissen, wer diese Frau war. Als sie ihm die Tür aufmachte, traute er seinen Augen nicht. Seine große Liebe saß vor ihm im Rollstuhl. „Cindy Du bist es?" „Ja, leider bin ich gelähmt. Er hatte mich die Treppe hinuntergestoßen." Er schaute sie lange an und sagte: „Wer schaut schon danach. Ich liebe Dich trotzdem und werde es immer tun, Darling." Sie küssten sich lange. So erzählte es mir meine Mutter. Dan nenne ich heute Dad. Alles wurde gut.

Datum:

Meine Stimmung heute: gut ___ befriedigend ___ ausreichend ___ schlecht ___

Heutige Behandlung/Therapie/Untersuchung

keine- leichte- mäßige- starke- sehr starke- stärkste- Schmerzen

0
1
2
3
4
5
6
7
8
9
10

Mein Gefühl und meine Stimmung

Meine Gedanken

Meine Schmerzen

0
1
2
3
4
5
6
7
8
9
10

0
1
2
3
4
5
6
7
8
9
10

Mein subjektiver Gesundheitszustand

Der Essensplan für den _____

Frühstück

Mittagessen

Abendessen

In der Schwierigkeitsstufe Leicht, werden Ihnen bereits
eine Vielzahl von Ziffern vorgegeben. Jede Ziffer kann
dabei nur einmal pro Block und nur einmal in jeder Spalte
und Reihe vorkommen. Beginnen Sie am besten damit,
die Blöcke oder Reihen auszufüllen, in denen sich die
meisten Ziffern befinden.

	5	2			
4			5		
			1		5
2		5			
		4			3
			4	5	

Hi, Ben Miller, mein Name Sergeant Ben Miller. Leben retten ist für uns in Kanada normal. Manchmal entscheidet das Schicksal, ob wir früh genug helfen können:

Bittere Kälte in Kanada

Es war Dezember. In Yukon, Kanada, lag der Schnee Meterhoch. Die Holzfäller Familie Jack und Hellen Smith saßen in ihrem Holzhaus, das sie sich mit viel Liebe vor Jahren aufgebaut hatten, fest. Es war bitterkalt in diesem Winter. Eine erbarmungslose Kälte griff um sich. Trotz Ofen und anderen Möglichkeiten, sich warm zu halten, gelang es ihnen nicht, der Kälte zu trotzen. Jack fing vor vielen Jahren an, hier in den Wäldern von Kanada selbstständig zu arbeiten und Holz zu schlagen. Er musste dann, mit entsprechenden Gerätschaften, die Stämme zur nahegelegenen Holzverarbeitungsfirma bringen. Das war immer mit vielen Risiken verbunden, denn wenn die Maschinen nicht mehr funktionierten, konnte er kein Geld verdienen. Dies ist in der Vergangenheit sehr häufig der Fall gewesen.

Die teuren Reparaturen konnten sie sich nicht immer leisten. Sie lebten quasi von der Hand im Mund und nichts konnte zur Seite gelegt werden. Ganz schlimm ist, dass sie sich kaum Vorräte für die Versorgung angeschafft hatten. Fast alles ist in ihrem Leben ist bis jetzt schief gelaufen. Jacks Vater übte auch diesen Beruf aus, konnte aber seine Familie davon sehr gut ernähren. Hellens Eltern besaßen einen riesigen Holzvertrieb, den sie aber wegen der schweren Krankheit des Vaters verkaufen mussten. In diesem Betrieb lernte sie Jack kennen, der dort als Schreiner arbeitete. Sie nahmen sich vor, in Yukon zu heiraten und auch dort sesshaft zu werden. Nur alles kam ganz anders. Nun hingen sie in den tiefsten Wäldern Kanadas fest und standen kurz vor dem Erfrieren. Um nicht zu verhungern und um ihren Magen zu füllen, tranken sie warmes Wasser. Jack und Ellen waren der Verzweiflung nahe. Glaubten ihren Verstand zu verlieren. Nein, sie wollten nicht aufgeben. Die Schneestürme fegten über das instabile Dach. Ein Fenster zersprang und noch mehr Kälte kam herein. Hellen Smith, die eigentlich aus den kritischsten Situationen immer noch das Beste herausholen konnte, kapitulierte. Sie kauerten immer enger zusammen. Jack war ein guter Schütze und konnte immer für genügend Fleisch sorgen. Nur jetzt bestand keine

Möglichkeit etwas zu erlegen. Bei dieser Kälte hielten die meisten Tiere ihren Winterschlaf und verkrochen sich in ihre Höhlen. An Nahrung war nicht zu denken, zumal Jack nicht in der Lage war, sich für diese Jahreszeit Vorräte anzuschaffen. Die Kälte wurde immer fordernder. Zusätzlich kam durchs Fenster Schnee herein. Was sollten sie nur tun? Kaum, dass sie einen klaren Gedanken fassen konnten, da brach schon der erste Dachbalken ein. Tagelang ging es nun so. Sie hungerten und ihre Glieder waren blau angelaufen. Mit letzter Kraft erinnerte sich Jack daran, dass er noch ein altes Funkgerät im Kellerraum hatte.

Es musste nur wieder funktionieren. Da seine Glieder schon fast starr und taub vor Kälte waren, kroch er auf allen Vieren zur klappe des Kellerraumes. Sie war sehr schwer und er musste seine letzte übriggebliebene Kraft dafür aufwenden, sie zu öffnen. Im letzten Moment schaffte er es dann doch noch sich in den Keller hinunter zu hangeln. Hellen schrie: „Bitte beeile Dich, ich kann nicht mehr!" Jack fand das alte, verstaubte Funkgerät. Es musste nur, wenigstens dieses eine Mal noch, seinen Dienst aufnehmen. Die Stürme wurden immer stärker und der Schnee lag meterhoch auf dem Haus und vor dem Hauseingang. Selbst hinaus ins Freie könnten sie nicht mehr.

Hellen verlor das Bewusstsein. Der Hunger und die Kälte haben ihr arg zugesetzt. Währenddessen versuchte Jack sein Bestes, um das Gerät wieder in Gang zu setzen. Er versuchte ein Funksignal, mit der Bitte um Hilfe, abzugeben. Es tat sich nichts und Jack resignierte. Auch er schloss mit dem Leben endgültig ab. Gerade als er versuchte, wieder nach oben zu klettern, vernahm er ein piepsen. Noch sehr unklar, aber man konnte es verstehen. „Hallo, Hallo. Was gibt es? Hier spricht Sergeant Ben Miller, Royal Canadian Mounted Police." Er konnte seinen Ohren nicht trauen. Was war das? Doch noch eine Rückmeldung auf seine Hilferufe? Also funktionierte das Funkgerät noch. Er meldete sich nochmal und gab den ungefähren Standort seines Hauses durch.

Eigentlich ist das Holzhaus schlecht zu finden, denn auf Grund der damaligen Arbeitslage mussten sie in der Nähe von Jacks Arbeitsplatz bauen. Wieder bekam er Antwort: „Wir tun unser Bestes. Haltet durch. Wir fliegen mit dem Helikopter die

Gegend ab. Versprechen können wir allerdings nicht, ob es klappt, denn das Wetter ist sehr schlecht. Over and out."

Hellen kam wieder zu sich und rief nach ihrem Mann, der kurz vor einer Bewusstlosigkeit stand. Der Erfrierungstod stand beiden ins Gesicht geschrieben. Warme Decken und ein Ofen, der eigentlich immer das ganze Haus erwärmte, halfen nicht mehr. Ein zweiter Balken knallte auf den Dachboden. Jetzt war es nur noch eine Frage der Zeit, wann der mit Schnee gefüllte Dachboden durchbrach.

Die Dunkelheit brach herein und es bestand kaum noch die Chance auf eine Rettung. Die Sicht war sehr schlecht, und die Schneestürme nahmen zu. „Jack, hörst Du das auch.", sagte Hellen. Ein Geräusch, als wenn ein Flugzeug ganz nah hier über uns kreisen würde. „Ja", sagte er, „es könnte der Helikopter sein, der uns retten will."

Sehr schnell aber war dieses Geräusch nicht mehr wahrzunehmen. Alle Hoffnung war verflogen. Ihnen war jetzt ganz klar, dass sie sterben mussten. „Hellen, wir müssen sterben. Es waren schöne Jahre, wenn auch sehr schwere Zeiten manchmal. Auch wenn wir uns gestritten haben, was sehr selten vorkam, so haben wir uns immer wieder zusammengerauft. Bitte verzeih mir, meine Liebe." Beide glitten in die Welt der tiefen Träume ab, sie merkten nichts mehr.

Jack und Hellen Smith erwachten erst im Dawson City Community Hospital wieder auf. Mit schwersten Erfrierungen konnten sie im letzten Augenblick gerettet werden. Das Holzhaus mussten sie aufgeben und bauten später in Dawson City ein neues Zuhause auf. Jack ging in seinen alten Beruf als Schreiner zurück und Hellen arbeitet nun in einer Bank. Die kanadischen Wälder waren nie mehr ein Thema für Jack und Hellen Smith.

Datum:

Meine Stimmung heute: gut ___ befriedigend ___ ausreichend ___ schlecht ___

Heutige Behandlung/Therapie/Untersuchung

keine- leichte- mäßige- starke- sehr starke- stärkste- Schmerzen

0
1
2
3
4
5
6
7
8
9
10

Meine Schmerzen

Mein Gefühl und meine Stimmung

Meine Gedanken

0
1
2
3
4
5
6
7
8
9
10

0
1
2
3
4
5
6
7
8
9
10

Mein subjektiver Gesundheitszustand

Der Essensplan für den _____

Frühstück

Mittagessen

Abendessen

Datum:

Meine Stimmung heute: gut ___ befriedigend ___ ausreichend ___ schlecht ___

Heutige Behandlung/Therapie/Untersuchung

0
1
2
3
4
5
6
7
8
9
10

keine- leichte- mäßige- starke- sehr starke- stärkste- stärkste- Schmerzen

Meine Schmerzen

Mein Gefühl und meine Stimmung

0
1
2
3
4
5
6
7
8
9
10

Meine Gedanken

0
1
2
3
4
5
6
7
8
9
10

Mein subjektiver Gesundheitszustand

Radio und Fernsehen

Was wird in den nächsten 3 Tagen gesendet, was möchte ich nicht verpassen?

Datum	Uhrzeit	Sender	Titel

Der Essensplan für den _____

Frühstück

Mittagessen

Abendessen

In der Schwierigkeitsstufe Leicht, werden Ihnen bereits eine Vielzahl von Ziffern vorgegeben. Jede Ziffer kann dabei nur einmal pro Block und nur einmal in jeder Spalte und Reihe vorkommen. Beginnen Sie am besten damit, die Blöcke oder Reihen auszufüllen, in denen sich die meisten Ziffern befinden.

Lösung

5	3	9	1	4	6	8	7	2
8	4	7	9	2	5	3	1	6
2	6	1	3	7	8	9	5	4
6	7	5	4	8	1	2	9	3
9	1	2	6	3	7	5	4	8
4	8	3	5	9	2	7	6	1
3	2	6	7	1	9	4	8	5
7	5	8	2	6	4	1	3	9
1	9	4	8	5	3	6	2	7

		9		4				
				5		3	1	
	6	1			8		5	
		5	4			2		3
	1				7			8
	8					7	6	
3		6		1	9	4		
7								
		4		5		6	2	7

Der Spaßvogel

Er kennt jeden Bürger und jeden Winkel in der Stadt. Jedes Ereignis ist ihm sofort bekannt. Sie nennen ihn den Spaßvogel in der Stadt. Niemand weiß, wo er wohnt. Keiner weiß, wer er ist. Alle wissen… nichts. Überall da, wo Hilfe gebraucht wird, da ist er sofort an Ort und Stelle. Aber heute ist nichts so wie bisher. Eine große Unruhe verbreitete sich in der Stadt Köln. Nach tagelangen Regenfällen weichte in der Innenstadt ein Gehweg auf. Es entstand ein riesiges Loch. Für ein kleines Kind natürlich sehr gefährlich. Die dreijährige Anna lief verträumt über den Gehweg. Etwa 5 Meter weiter ging ihre Mutter. Plötzlich war Anna verschwunden. Sie rief immer wieder ihre Tochter. Aber Anna war verschwunden. Das riesige Loch hatte das Kind einfach verschluckt. Die Unruhe war groß. Einige rannten aus Angst und Feigheit einfach weg. Andere blieben stehen und schauten nur neugierig. Und wieder andere holten Hilfe. Die Feuerwehr kam. Sie wusste nicht, wie sie helfen sollte. Stunden der Angst machten sich breit. Die Feuerwehr versuchte mit langen Leitern, die sie über das Loch legte, die Einbruchstelle zu sichern. Es wurde kritisch, denn die Erde bröckelte immer weiter. Ein Feuerwehrmann legte sich auf den Bauch und robbte über das Loch. Aber er sah nichts. Der Spaßvogel sah das Geschehen aus der Ferne. Er hatte große Angst um Anna. Jetzt ging er zu den Feuerwehrmännern, wollte ihnen etwas sagen und gab ihnen einen Tipp. „Sind Sie etwa der Spaßvogel?", meinte der Feuerwehrmann und stieß ihn einfach zur Seite.

Es wurde beratschlagt darüber, ob und wie man helfen konnte. Scheinbar entmutigt verließ der Spaßvogel den Unfallort. So schnell wie möglich eilte er an das Ende der Stadt. Hier stieg er in einen alten stillgelegten Schacht.

Ohne weiter nachzudenken robbte er sich durch die Rohre. Er kroch und rutschte, stieß alte Gitter auf. Er kannte sich sehr gut aus, als wenn er hier zu Hause sein würde. Da hinten sah er etwas. Da bewegte sich etwas. Er vernahm ein leises Wimmern: „Mami, Mami." Schnell nahm der Spaßvogel sie in den Arm. In diesem Augenblick, brach weitere Erde ein. „Komm', wir spielen ein Spiel, Anna! Wer zuerst durch den Tunnel kriechen kann, gewinnt ein großes Eis!", rief der Spaßvogel. Anna kroch los, der Spaßvogel robbte nach.

Mittlerweile wurde die Unfallstelle weiter gesichert. Ein Feuerwehrmann ließ sich in das nun riesige Loch abseilen. Es war dunkel und gefräßig, die Gebete ringsherum wurden mehr. Plötzlich von weitem dieses erleichternde Rufen: „Mama, Mama!" Der Spaßvogel hatte Anna auf den Schultern. Applaus, ein Jubeln, ein Umarmen, frohe Gesichter. Man rief: „Unser Spaßvogel ist ein Lebensretter! Er ist unser Held!"

Bei der späteren Befragung stellte sich heraus, dass der Großvater und der Vater vom Lebensretter am Aufbau und der Planung der Stadtkanalisation beteiligt waren. Vater Dipl. Ing. Karl Krüger nahm seinen Sohn Willy oft mit zur Baustelle. Der kleine Willy kroch durch alle Rohre, er kannte sich somit gut aus. Die Stadtverwaltung stellte Willy Krüger, unseren Lebensretter, als Bauleiter ein.

Das Leben des Spaßvogels änderte sich nun. Willy Krüger studierte, er gründete eine Familie und bekam eine sehr erfolgreiche Tochter, die heute in Brühl Ausbilderin in der Polizeischule ist.
Aber Spaß und Freude vermittelt Willy seinen Mitmenschen immer noch.

Datum:

Meine Stimmung heute: gut ___ befriedigend ___ ausreichend ___ schlecht ___

Heutige Behandlung/Therapie/Untersuchung

0
1
2
3
4
5
6
7
8
9
10

keine- leichte- mäßige- starke- sehr starke- stärkste- Schmerzen

Meine Schmerzen

Mein Gefühl und meine Stimmung

0
1
2
3
4
5
6
7
8
9
10

Meine Gedanken

0
1
2
3
4
5
6
7
8
9
10

Mein subjektiver Gesundheitszustand

Der Essensplan für den _____

Frühstück

Mittagessen

Abendessen

Der Überfall mit Folgen

Für den älteren Herrn mit Brille spielten die Fußballer von Wacker Null... na, ich habe die weitere Zahl vergessen, ganz einfach zu zaghaft. Der Herr mit Oberlippenbart meinte, sie spielten einfach nur grässlich.

Der Herr mit dem Karohemd dagegen interessierte sich nicht für Fuß-ball. Das Trio war bei Gerda Bernshofer gern gesehen, als ich sie besuchte, um weitere Einzelheiten zu erfahren, plauderte sie sofort drauflos. Ich freute mich über die Redseligkeit, denn ich kannte die Rentnergang. Das lag daran, dass ich die 3 Rentner jeden Mittwoch bei ihrer Plauderrunde nach meinem Dienst sah, dabei dachte immer, was sie wohl früher einmal für Berufe ausgeübt hatten und wie ihr Leben so verlief. Die Gespräche verfolgte ich immer mit einem Ohr mit, denn ich saß regelmäßig einen Tisch weiter, mit meinem Laptop bestückt, erledigte ich Facebook und Co. und so. So wartete ich bei einem Tee auf meine Frau, sie ist in der Anwaltskanzlei Mayr beschäftigt, gegen 18 Uhr kommt sie dann hierher. Nun, erwähnen muss ich, es war nicht immer Tee, liest sich aber schöner.

Wie gesagt, auch an dem ganz besonderen Tag saß ich, mit einem Ohr hinhörend, am Nachbartisch. Der Herr mit Brille fragte in die Runde, ob noch jemand die alten Porsche Wagen kennt. „Aber sicher", so der Herr mit Karohemd, „waren das nicht welche mit VW-Motor?"... „Nein", so der Herr mit Brille, „nicht ganz richtig, die hatten einen Doppelvergaser und ordentlich Bums unter der Haube!"... „Sach bloß", so der Herr mit Bart, „aber die Form war gleich!"... „Flacher waren sie, viel flacher, ganz flach!", entgegnete der Herr mit Brille.

Den Unterschied zwischen Ketten- und Nabenschaltung am Fahrrad kenne ich wohl, das war das nächste Thema der Herren. Ich schätzte sie übrigens so um die 75 ein. Fragte mich dann des Öfteren, worüber werde ich wohl mit meinem Tennisfreund Sven später einmal reden? Meine Frau kam pünktlich. „Magst Du ein Getränk?", fragte ich. „Heute nicht, Liebster. Beate und Klaus kommen doch heute!"… „Ach ja, fast vergessen!" Von Frau Bernshofer erfuhr ich, dass die Herren gegen 22 Uhr aufgebrochen sind. Fröhlich, wie immer, verließen sie die kleine Kneipe. Hinter der Schützengasse kam ein Waldstück. Hier lauerten 2 Männer, die nichts Gutes im Sinn hatten, den älteren, körperlich unterlegenen Herren über 75, auf. Die Männer waren mit Eisenstangen und Gaspistolen bewaffnet. Es war aber nicht möglich, eine Gaspistole von einem echten Schießeisen zu unterscheiden. Es kam, was kommen musste!

In den Polizeiakten las ich später:

Die Herren Alfons D., Hubert S. und Herbert B. wurden nachts um 22.45 Uhr von den Männern Detlef R. und Richard T. mit Eisenstangen und geladenen Gaspistolen überfallen und beraubt. Zum Raub kam es nicht mehr, denn Detlef R., 32 Jahre, und Richard T., 35 Jahre, wurden derart vermöbelt, dass wir den Krankenwagen bestellen mussten.

"Ist doch klar", sagte mir Frau Bernshofer, "die 3 waren Berufsboxer!"

Datum:

Meine Stimmung heute: gut ___ befriedigend ___ ausreichend ___ schlecht ___

Heutige Behandlung/Therapie/Untersuchung

Meine Schmerzen

keine- leichte- mäßige- starke- sehr starke- stärkste- Schmerzen

0
1
2
3
4
5
6
7
8
9
10

Mein Gefühl und meine Stimmung

0
1
2
3
4
5
6
7
8
9
10

Meine Gedanken

0
1
2
3
4
5
6
7
8
9
10

Mein subjektiver Gesundheitszustand

In der Schwierigkeitsstufe Leicht, werden Ihnen bereits eine Vielzahl von Ziffern vorgegeben. Jede Ziffer kann dabei nur einmal pro Block und nur einmal in jeder Spalte und Reihe vorkommen. Beginnen Sie am besten damit, die Blöcke oder Reihen auszufüllen, in denen sich die meisten Ziffern befinden.

1				7			3	
8	3		6					
		2	9			6		8
6					4	9		7
	9						5	
3		7	5					4
2		3			9	1		
					2		4	3
	4			8				9

Der Essensplan für den _____

Frühstück

Mittagessen

Abendessen

Die Weltpolitik macht Ernst

Im Jahr 2040 einigten sich nun endlich alle Staaten darauf, dass das Weltklima unbedingt gerettet werden muss. ...

Zwar verbesserte sich ab 2020 das Weltklima, jedoch brachen alle Bemühungen im Jahr 2028 zusammen. ...

2040, direkt am 1. Januar, wurde nun das auf der letzten Weltklimakonferenz festgelegte Protokoll „GLOBAL FINAL FUEL END – Part 8" umgesetzt. Insgesamt wurden 16 verschiedene Teile verbindlich vereinbart. Kein Staat weigerte sich, das Protokoll zu unterschreiben. Denn nun wurde es Ernst, nachdem der Meeresspiegel um einige Meter gestiegen ist, gibt es einige Städte rund um den Globus nicht mehr. Übrigens gibt es das SÜLTZ BÜCHER Büro in Tinnum auf Sylt schon lange nicht mehr, es liegt alles Unterwasser, von List bis Hörnum, die gesamte Insel ist Geschichte.

Eine erste „Weltklimakonferenz" unter dem Dach der UN, die First World Climate Conference (WCC-1), fand 1979 in Genf statt und wurde von der Weltorganisation für Meteorologie (WMO) organisiert. Hier berieten Experten von Organisationen der Vereinten Nationen (UN) über die Möglichkeiten der Eindämmung der durch den Menschen verursachten schädlichen Klimaveränderungen. Schwerpunkt und wichtiges Ergebnis war die hier ausgesprochene Warnung, dass die weitere Konzentration auf fossile Brennstoffe im Zusammenhang mit der fortschreitenden Vernichtung von Waldbeständen auf der Erde „zu einem massiven Anstieg der atmosphärischen Kohlendioxidkonzentration führen" wird.

In den 16 verschiedenen Teilen wird alles behandelt, was schädlich für unser Klima ist. Dieser achte Teil behandelt alle Arten von Antrieben mit fossilen Brennstoffen. Ob Motorsägen, Laubbläser, Rasenmäher, Züge, Schiffe, Autos bis zu Flugzeugen, alles ist im achten Teil festgelegt. Vor 30, 40 Jahren war noch kein Denken daran, freiwillig etwas aufzugeben, was da schon schädlich war. „Die anderen können ja anfangen, mein Rasenmäher läuft noch." So war eben das Denken der Menschen.

Bis dann endlich die Natur zuschlug. In Fahrzeugen mit alten Motoren nach dem Otto-oder Diesel-Verfahren mussten genau am ersten Januar Prüfgeräte eingebaut sein, die die Luftverschmutzung messen. Ob in der Schifffahrt oder bei den Flugzeugen, aber auch bei den noch vorhandenen Oldtimern auf der Straße, die Gesetze sind nun knallhart.

Alle Prüfgeräte arbeiten über Satelliten, messen den CO_2-Ausstoß, geben Alarmberichte an die jeweiligen staatlichen Kontrollbehörden weiter und legen das Fahrzeug bei sehr grobem Verstoß sofort still. Schlimmer noch, bei der Stilllegung wird der jeweilige Motor vollständig zerstört. Die Umsetzung funktionierte gut. Nutznießer dieser Maßnahmen waren Abschleppunternehmen. Mit Oldtimern, die einen zu hohen Ausstoß hatten, konnte der Besitzer noch 30 Kilometer fahren, dann erlosch das Leben des AMG 12 Zylinders.

Die Abschleppunternehmen kamen der Arbeit gar nicht nach, alle am Straßenrand nun abgestellten Fahrzeuge abzuschleppen. Die Erde ist Geräuschloser geworden.

Aber auch 2040 ist Kriminalität immer noch ein großes Thema. Raubüberfälle, Diebstahl, Morde und Internetkriminalität sind an der Tagesordnung der Polizei.

Am 6. Juni 2040 stürzte ein großes Passagierflugzeug ins Meer. 386 Fluggäste verloren ihr Leben. Am 18. Juli stürzte ein Passagierflugzeug auf die Freiheitsstatue in New York. Drei weitere Maschinen stürzten zielgenau in Moskau, Tokio und in Berlin auf markante Gebäude ab.

„Es kann kein Zufall sein.", sagt Special Agent Mike Miller. „Zuerst stürzte nur eine Maschine ins Meer. Jetzt werden Ziele ausgewählt, wie es 2001 in New York gewesen ist. Nur vermute ich, jetzt geht der Terror wieder los, jetzt um die ganze Welt." Es dauerte nicht lange und das World Security Bureau WSB wurde gegründet. Jeder Staat bekam ein Büro mit direktem Kontakt zu allen anderen Büros. Computerspezialisten untersuchten die Black Boxen der Passagierflugzeuge. Sie wurden fündig. „Meine Damen und Herren, mein Name ist Bernd Wardenga, ich bin Ingenieur für Computerwesen. Unsere Resultate aus München möchte ich ihnen mitteilen. Ich möchte sie nicht mit unnötigen Daten nerven, wir kommen schnell zum Ziel. Jedoch etwas Grundkenntnis muss geklärt werden. Die Pro-Kopf-CO2-Emissionen werden in Computern in den Prüf- und Kontrollgeräten berechnet. Jedes Fahrzeug auf der Straße wird ausgewertet ob sich eine oder vier Personen im Innenraum befinden. Somit können vollbesetzte Wagen weiter und länger fahren. In 5 Jahren ist natürlich auch diese Berechnung hinfällig, denn dann werden alle Fahrzeuge verboten. Flugzeuge müssen heutzutage voll besetzt sein, die Software ist dafür verändert worden. Und hier liegt das Problem. Zwei Black Boxen zeigten ein verändertes Programm."

„Sozusagen ein Computervirus.", sagt Special Agent Mike Miller. „Genau. Aber wie kommt der ins System? Was wird damit bezweckt?"

„Tja, Erpressung von Lösegeld.", so Miller.

Fragen über Fragen. Antworten wurden konkret noch nicht gefunden. Alle wollen in Kontakt bleiben.

Flug 937 A 63 von New York nach Tokio: Auf den Bildschirmen der Crew und aller Fluggäste wurde folgendes in allen Sprachen eingeblendet: „Was glauben Sie, bedeutet folgender Breitengrad 35.6894875 und Längengrad 139.6917064? Richtig, es ist Tokio. Was glauben Sie, wohin Sie fliegen? Genau, nach Tokio. Und vor der Landung auf dem Flughafen stürzen Sie alle in ein gut besuchtes 11 stöckiges Kaufhaus. Schreien ist zwecklos. In drei Stunden ist Ihr Leben zu Ende." Auf allen Monitoren an den Sitzen blendete sich eine Countdown-Uhr ein. Die Passagiere waren geschockt und schrien auf.

Die Crew verständigte sofort das World Security Bureau. Mit aller Macht und Schnelligkeit wurden alle Informationsdienste im Internet und TV angewiesen, dass die Hacker ihre Forderungen stellen sollen. Um Menschenleben zu schützen, wird alles dafür umgesetzt.

Computerspezialist Wardenga arbeitete mit seinem Team unter Hochdruck an einer Lösung. Die Hacker lernten. Zuerst gab es ja den willkürlichen Absturz ins Meer. Dann die gezielten Abstürze in markante Gebäude. Und jetzt werden alle Fluggäste über ihren Tot informiert. „Das ist ja so abscheulich.", sagt Wardenga. Er kam einfach nicht in das Computerprogramm des Flugzeugs. „Wir schießen das Flugzeug ab, solange es noch über dem Ozean ist. Dann ist das Warten auf den Tot kürzer und die Passagiere wissen nicht wann es passiert.", schlug das World Security Bureau vor. „Das ist genauso abscheulich.", sagt Wardenga, nachdem er dies hörte. Das Prüf- und Kontrollgerät ließ sich nicht ausbauen, das ist so gewollt. In das Computerprogramm konnte Wardenga nicht eindringen, das kontrollieren die Hacker.

Wardenga berief per Internetchat wichtige Piloten ein. „Chesley Sullenbergers Notwasserung auf dem New Yorker Hudson River im Jahr 2009 wäre eine Möglichkeit. Sullenberger fielen bei seinem Airbus A320 bei 3000 Fuß beide Triebwerke aus. In der Regel wird das Flugzeug die Flughöhe nicht halten können und in einen langsamen Sinkflug übergehen.", sagte ein Experte von Boeing. So ohne weiteres lässt sich ein Flugzeug nicht abschalten, während des Flugs schon gar nicht. Außerdem muss es steuerfähig bleiben. Unsere Passagierflugzeuge sind trotz ihres Gewichts in der Lage zu segeln. Es kann also noch 153 Kilometer weit gesegelt werden. Dieser Gleitflug würde gute 20 Minuten dauern.

Es bleiben noch eine Stunde und 20 Minuten, um Entscheidungen zu treffen. Mit der Flugzeugcrew wurde das weitere Vorgehen besprochen. Man schaltete das Flugzeugfunkgerät ab und kommunizierte nur noch über Handys. Süd-östlich von Tokio liegt der Hafen am Shiota River. Nun wurde berechnet ab wann das Passagierflugzeug in den Gleitflug übergehen kann. Japanische Schiffe begannen die Hilfsmaßnahmen zu koordinieren. Wardenga schlug vor, die Triebwerke gezielt mit den in den Militärflugzeugen verbauten Laserkanonen zu zerstören. Anders ließe sich der Schub bis Tokio nicht verhindern. Die Steuerung funktioniert ja, lediglich korrigiert die automatische Steuerung das Flugzeug wieder, da von den Hackern schließlich die Koordinaten in Tokio fest einprogrammiert wurden.

200 Kilometer vor der Küste Japans sollte es dann soweit sein. Die Marine ist bereit. Sechs Bomber flogen der Passagiermaschine entgegen. Bei genau 220 Kilometern vor der Küste war es soweit. Die Bomber flogen eine Schleife und zielten auf die

Triebwerke der Passagiermaschine. 50 Kilometer vor der Küste war alles bereit. Die Bomber schossen genau bei 200 Kilometern vor der Küste. Alle vier Triebwerke wurden getroffen.

Die vier Bomber trafen mit den Laserkanonen perfekt. Die zwei weiteren Bomber hätten einen verfehlten Schuss oder Strahl ersetzen können. Laut Berechnungen beginnen nun die 20 Minuten Gleitflug, das wären 153 Kilometer. Ein Faktor ist natürlich unberechenbar, das ist das Gegensteuern des Computers.

Langsam ging es in Richtung Wasseroberfläche des Ozeans. Immer wieder kämpften die Piloten gegen das Korrigieren des von den Hackern einprogrammierten Kurses auf Tokio. Die Wasseroberfläche kam immer näher. Im letzten Augenblick riss der Kapitän die Nase des Passagierflugzeugs nach oben, noch bevor der Computer korrigieren konnte.

Die Marine war auf Kurs. Das Flugzeug kam mit dem Wasser in Kontakt. Der Aufsetzwinkel war perfekt. Eilig steuerte die Marine das Flugzeug an. In 20 Minuten würde das Flugzeug sinken, aber tatsächlich schaffte es die Marine alle Passagiere und die Crew zu retten.

„Wir haben gesiegt, aber es ist erst der Anfang einer neuen Dimension an Kriminalität. Wir konzentrieren uns nun darauf, die Hacker und Kriminellen zu fassen. Wir müssen im Laufe der Zeit schneller werden, so wie immer, so, wie in jedem Jahrhundert.", sagt Special Agent Mike Miller.

Datum:

Meine Stimmung heute: gut ___ befriedigend ___ ausreichend ___ schlecht ___

Heutige Behandlung/Therapie/Untersuchung

0
1
2
3
4
5
6
7
8
9
10

keine- leichte- mäßige- starke- sehr starke- stärkste- Schmerzen

Meine Schmerzen

Mein Gefühl und meine Stimmung

0
1
2
3
4
5
6
7
8
9
10

Meine Gedanken

0
1
2
3
4
5
6
7
8
9
10

Mein subjektiver Gesundheitszustand

Radio und Fernsehen

Was wird in den nächsten 3 Tagen gesendet,
was möchte ich nicht verpassen?

Datum	Uhrzeit	Sender	Titel

Der Essensplan für den _____

Frühstück

Mittagessen

Abendessen

In der Schwierigkeitsstufe Leicht, werden Ihnen bereits eine Vielzahl von Ziffern vorgegeben. Jede Ziffer kann dabei nur einmal pro Block und nur einmal in jeder Spalte und Reihe vorkommen. Beginnen Sie am besten damit, die Blöcke oder Reihen auszufüllen, in denen sich die meisten Ziffern befinden.

				6				1
4				8	1			
3		9	4		2	6		
						7	2	
	3	1				4	8	
	2	5						
		6	1		8	2		4
			3	7				6
8				4				

Datum:

Meine Stimmung heute: gut ___ befriedigend ___ ausreichend ___ schlecht ___

Heutige Behandlung/Therapie/Untersuchung

keine- leichte- mäßige- starke- sehr starke- stärkste- Schmerzen

0
1
2
3
4
5
6
7
8
9
10

⚡

Mein Gefühl und meine Stimmung

Meine Schmerzen

Meine Gedanken

0
1
2
3
4
5
6
7
8
9
10

0
1
2
3
4
5
6
7
8
9
10

Mein subjektiver Gesundheitszustand

Der Essensplan für den _____

Frühstück

Mittagessen

Abendessen

In der Schwierigkeitsstufe Leicht, werden Ihnen bereits eine Vielzahl von Ziffern vorgegeben. Jede Ziffer kann dabei nur einmal pro Block und nur einmal in jeder Spalte und Reihe vorkommen. Beginnen Sie am besten damit, die Blöcke oder Reihen auszufüllen, in denen sich die meisten Ziffern befinden.

4		5		2				
		7	5					
						4		3
	2				8			6
						7		1
	8		9					
	3	2	7					
	1					6	9	
	7	6					1	

Du willst schnell aus dem Krankenhaus

und schaust nochmal ins Büchlein rein.

Aus dem Hospital will'st schnell hinaus

und dankst dem kleinen Helferlein.

Eine gute Gesundheit

wünschen

Renate & Uwe H. Sültz

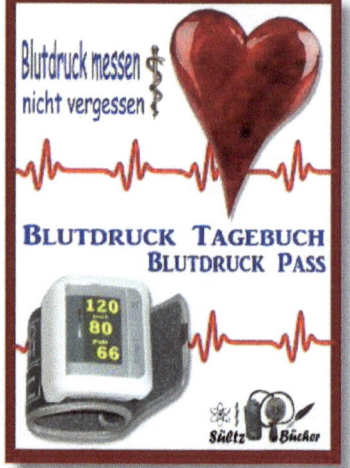

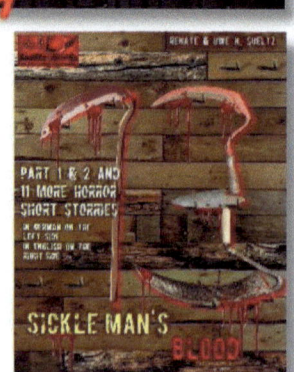